Ce carnet appartient à :

113 pages
format : 12,7 x 20,3 cm
papier 90g/m²

SOMMAIRE

A	....	4-7
B	....	8-11
C	....	12-15
D	....	16-19
E	....	20-23
F	....	24-27
G	....	28-31
H	....	32-35
I	....	36-39
J	....	40-43
K	....	44-47
L	....	48-51
M	....	52-55
N	....	56-59
O	....	60-63
P	....	64-67
Q	....	68-71
R	....	72-75
S	....	76-79
T	....	80-83
U	....	84-87
V	....	88-91
W	....	92-95
X	....	96-99
Y	....	100-103
Z	....	104-107
123	....	108-111
Notes	....	112-113

> *Site :* ....

Email associé : ....
Nom d'utilisateur : ....
Mot de passe : ....
Notes : ....
....

> *Site :* ....

Email associé : ....
Nom d'utilisateur : ....
Mot de passe : ....
Notes : ....
....

> *Site :* ....

Email associé : ....
Nom d'utilisateur : ....
Mot de passe : ....
Notes : ....
....

Site : ....

Email associé : ....
Nom d'utilisateur : ....
Mot de passe : ....
Notes : ....
....

Site : ....

Email associé : ....
Nom d'utilisateur : ....
Mot de passe : ....
Notes : ....
....

Site : ....

Email associé : ....
Nom d'utilisateur : ....
Mot de passe : ....
Notes : ....
....

⟨ SITE : .... ⟩
EMAIL ASSOCIÉ : ....
NOM D'UTILISATEUR : ....
MOT DE PASSE : ....
NOTES : ....
....

⟨ SITE : .... ⟩
EMAIL ASSOCIÉ : ....
NOM D'UTILISATEUR : ....
MOT DE PASSE : ....
NOTES : ....
....

⟨ SITE : .... ⟩
EMAIL ASSOCIÉ : ....
NOM D'UTILISATEUR : ....
MOT DE PASSE : ....
NOTES : ....
....

Site : ....

Email associé : ....
Nom d'utilisateur : ....
Mot de passe : ....
Notes : ....
....

Site : ....

Email associé : ....
Nom d'utilisateur : ....
Mot de passe : ....
Notes : ....
....

Site : ....

Email associé : ....
Nom d'utilisateur : ....
Mot de passe : ....
Notes : ....
....

Site : ....

Email associé : ....
Nom d'utilisateur : ....
Mot de passe : ....
Notes : ....
....

Site : ....

Email associé : ....
Nom d'utilisateur : ....
Mot de passe : ....
Notes : ....
....

Site : ....

Email associé : ....
Nom d'utilisateur : ....
Mot de passe : ....
Notes : ....
....

Site : ....
Email associé : ....
Nom d'utilisateur : ....
Mot de passe : ....
Notes : ....
....

Site : ....
Email associé : ....
Nom d'utilisateur : ....
Mot de passe : ....
Notes : ....
....

Site : ....
Email associé : ....
Nom d'utilisateur : ....
Mot de passe : ....
Notes : ....
....

Site : ....
Email associé : ....
Nom d'utilisateur : ....
Mot de passe : ....
Notes : ....
....

Site : ....
Email associé : ....
Nom d'utilisateur : ....
Mot de passe : ....
Notes : ....
....

Site : ....
Email associé : ....
Nom d'utilisateur : ....
Mot de passe : ....
Notes : ....
....

Site : ....

Email associé : ....

Nom d'utilisateur : ....

Mot de passe : ....

Notes : ....

....

Site : ....

Email associé : ....

Nom d'utilisateur : ....

Mot de passe : ....

Notes : ....

....

Site : ....

Email associé : ....

Nom d'utilisateur : ....

Mot de passe : ....

Notes : ....

....

Site : ....
Email associé : ....
Nom d'utilisateur : ....
Mot de passe : ....
Notes : ....
....

Site : ....
Email associé : ....
Nom d'utilisateur : ....
Mot de passe : ....
Notes : ....
....

Site : ....
Email associé : ....
Nom d'utilisateur : ....
Mot de passe : ....
Notes : ....
....

Site : ....

Email associé : ....

Nom d'utilisateur : ....

Mot de passe : ....

Notes : ....

....

Site : ....

Email associé : ....

Nom d'utilisateur : ....

Mot de passe : ....

Notes : ....

....

Site : ....

Email associé : ....

Nom d'utilisateur : ....

Mot de passe : ....

Notes : ....

....

⟨ SITE : .... ⟩
EMAIL ASSOCIÉ : ....
NOM D'UTILISATEUR : ....
MOT DE PASSE : ....
NOTES : ....
....

⟨ SITE : .... ⟩
EMAIL ASSOCIÉ : ....
NOM D'UTILISATEUR : ....
MOT DE PASSE : ....
NOTES : ....
....

⟨ SITE : .... ⟩
EMAIL ASSOCIÉ : ....
NOM D'UTILISATEUR : ....
MOT DE PASSE : ....
NOTES : ....
....

Site : ....
Email associé : ....
Nom d'utilisateur : ....
Mot de passe : ....
Notes : ....
....

Site : ....
Email associé : ....
Nom d'utilisateur : ....
Mot de passe : ....
Notes : ....
....

Site : ....
Email associé : ....
Nom d'utilisateur : ....
Mot de passe : ....
Notes : ....
....

Site : ....
Email associé : ....
Nom d'utilisateur : ....
Mot de passe : ....
Notes : ....
....

Site : ....
Email associé : ....
Nom d'utilisateur : ....
Mot de passe : ....
Notes : ....
....

Site : ....
Email associé : ....
Nom d'utilisateur : ....
Mot de passe : ....
Notes : ....
....

Site : ....
Email associé : ....
Nom d'utilisateur : ....
Mot de passe : ....
Notes : ....
....

Site : ....
Email associé : ....
Nom d'utilisateur : ....
Mot de passe : ....
Notes : ....
....

Site : ....
Email associé : ....
Nom d'utilisateur : ....
Mot de passe : ....
Notes : ....
....

Site : ....
Email associé : ....
Nom d'utilisateur : ....
Mot de passe : ....
Notes : ....
....

Site : ....
Email associé : ....
Nom d'utilisateur : ....
Mot de passe : ....
Notes : ....
....

Site : ....
Email associé : ....
Nom d'utilisateur : ....
Mot de passe : ....
Notes : ....
....

Site : ....
Email associé : ....
Nom d'utilisateur : ....
Mot de passe : ....
Notes : ....
....

Site : ....
Email associé : ....
Nom d'utilisateur : ....
Mot de passe : ....
Notes : ....
....

Site : ....
Email associé : ....
Nom d'utilisateur : ....
Mot de passe : ....
Notes : ....
....

Site : ....
Email associé : ....
Nom d'utilisateur : ....
Mot de passe : ....
Notes : ....
....

Site : ....
Email associé : ....
Nom d'utilisateur : ....
Mot de passe : ....
Notes : ....
....

Site : ....
Email associé : ....
Nom d'utilisateur : ....
Mot de passe : ....
Notes : ....
....

Site : ....

Email associé : ....
Nom d'utilisateur : ....
Mot de passe : ....
Notes : ....
....

Site : ....

Email associé : ....
Nom d'utilisateur : ....
Mot de passe : ....
Notes : ....
....

Site : ....

Email associé : ....
Nom d'utilisateur : ....
Mot de passe : ....
Notes : ....
....

Site : ....
Email associé : ....
Nom d'utilisateur : ....
Mot de passe : ....
Notes : ....
....

Site : ....
Email associé : ....
Nom d'utilisateur : ....
Mot de passe : ....
Notes : ....
....

Site : ....
Email associé : ....
Nom d'utilisateur : ....
Mot de passe : ....
Notes : ....
....

Site : ....

Email associé : ....

Nom d'utilisateur : ....

Mot de passe : ....

Notes : ....

....

Site : ....

Email associé : ....

Nom d'utilisateur : ....

Mot de passe : ....

Notes : ....

....

Site : ....

Email associé : ....

Nom d'utilisateur : ....

Mot de passe : ....

Notes : ....

....

Site : ....
Email associé : ....
Nom d'utilisateur : ....
Mot de passe : ....
Notes : ....
....

Site : ....
Email associé : ....
Nom d'utilisateur : ....
Mot de passe : ....
Notes : ....
....

Site : ....
Email associé : ....
Nom d'utilisateur : ....
Mot de passe : ....
Notes : ....
....

Site : ....

Email associé : ....
Nom d'utilisateur : ....
Mot de passe : ....
Notes : ....
....

Site : ....

Email associé : ....
Nom d'utilisateur : ....
Mot de passe : ....
Notes : ....
....

Site : ....

Email associé : ....
Nom d'utilisateur : ....
Mot de passe : ....
Notes : ....
....

> SITE : ....

EMAIL ASSOCIÉ : ....
NOM D'UTILISATEUR : ....
MOT DE PASSE : ....
NOTES : ....
....

> SITE : ....

EMAIL ASSOCIÉ : ....
NOM D'UTILISATEUR : ....
MOT DE PASSE : ....
NOTES : ....
....

> SITE : ....

EMAIL ASSOCIÉ : ....
NOM D'UTILISATEUR : ....
MOT DE PASSE : ....
NOTES : ....
....

Site : ....

Email associé : ....
Nom d'utilisateur : ....
Mot de passe : ....
Notes : ....

....

Site : ....

Email associé : ....
Nom d'utilisateur : ....
Mot de passe : ....
Notes : ....

....

Site : ....

Email associé : ....
Nom d'utilisateur : ....
Mot de passe : ....
Notes : ....

....

Site : ....
Email associé : ....
Nom d'utilisateur : ....
Mot de passe : ....
Notes : ....
....

Site : ....
Email associé : ....
Nom d'utilisateur : ....
Mot de passe : ....
Notes : ....
....

Site : ....
Email associé : ....
Nom d'utilisateur : ....
Mot de passe : ....
Notes : ....
....

Site : ....
Email associé : ....
Nom d'utilisateur : ....
Mot de passe : ....
Notes : ....
....

Site : ....
Email associé : ....
Nom d'utilisateur : ....
Mot de passe : ....
Notes : ....
....

Site : ....
Email associé : ....
Nom d'utilisateur : ....
Mot de passe : ....
Notes : ....
....

Site : ....

Email associé : ....
Nom d'utilisateur : ....
Mot de passe : ....
Notes : ....
....

Site : ....

Email associé : ....
Nom d'utilisateur : ....
Mot de passe : ....
Notes : ....
....

Site : ....

Email associé : ....
Nom d'utilisateur : ....
Mot de passe : ....
Notes : ....
....

Site : ....

Email associé : ....

Nom d'utilisateur : ....

Mot de passe : ....

Notes : ....

....

Site : ....

Email associé : ....

Nom d'utilisateur : ....

Mot de passe : ....

Notes : ....

....

Site : ....

Email associé : ....

Nom d'utilisateur : ....

Mot de passe : ....

Notes : ....

....

Site : ....
Email associé : ....
Nom d'utilisateur : ....
Mot de passe : ....
Notes : ....
....

Site : ....
Email associé : ....
Nom d'utilisateur : ....
Mot de passe : ....
Notes : ....
....

Site : ....
Email associé : ....
Nom d'utilisateur : ....
Mot de passe : ....
Notes : ....
....

Site : ....

Email associé : ....
Nom d'utilisateur : ....
Mot de passe : ....
Notes : ....
....

Site : ....

Email associé : ....
Nom d'utilisateur : ....
Mot de passe : ....
Notes : ....
....

Site : ....

Email associé : ....
Nom d'utilisateur : ....
Mot de passe : ....
Notes : ....
....

Site : ....

Email associé : ....
Nom d'utilisateur : ....
Mot de passe : ....
Notes : ....
....

Site : ....

Email associé : ....
Nom d'utilisateur : ....
Mot de passe : ....
Notes : ....
....

Site : ....

Email associé : ....
Nom d'utilisateur : ....
Mot de passe : ....
Notes : ....
....

Site : ....
Email associé : ....
Nom d'utilisateur : ....
Mot de passe : ....
Notes : ....
....

Site : ....
Email associé : ....
Nom d'utilisateur : ....
Mot de passe : ....
Notes : ....
....

Site : ....
Email associé : ....
Nom d'utilisateur : ....
Mot de passe : ....
Notes : ....
....

Site : ....

Email associé : ....
Nom d'utilisateur : ....
Mot de passe : ....
Notes : ....
....

Site : ....

Email associé : ....
Nom d'utilisateur : ....
Mot de passe : ....
Notes : ....
....

Site : ....

Email associé : ....
Nom d'utilisateur : ....
Mot de passe : ....
Notes : ....
....

Site : ....

Email associé : ....
Nom d'utilisateur : ....
Mot de passe : ....
Notes : ....

....

Site : ....

Email associé : ....
Nom d'utilisateur : ....
Mot de passe : ....
Notes : ....

....

Site : ....

Email associé : ....
Nom d'utilisateur : ....
Mot de passe : ....
Notes : ....

....

⟨ SITE : .... ⟩
EMAIL ASSOCIÉ : ....
NOM D'UTILISATEUR : ....
MOT DE PASSE : ....
NOTES : ....
....

⟨ SITE : .... ⟩
EMAIL ASSOCIÉ : ....
NOM D'UTILISATEUR : ....
MOT DE PASSE : ....
NOTES : ....
....

⟨ SITE : .... ⟩
EMAIL ASSOCIÉ : ....
NOM D'UTILISATEUR : ....
MOT DE PASSE : ....
NOTES : ....
....

Site : ....

Email associé : ....
Nom d'utilisateur : ....
Mot de passe : ....
Notes : ....
....

Site : ....

Email associé : ....
Nom d'utilisateur : ....
Mot de passe : ....
Notes : ....
....

Site : ....

Email associé : ....
Nom d'utilisateur : ....
Mot de passe : ....
Notes : ....
....

Site : ....

Email associé : ....
Nom d'utilisateur : ....
Mot de passe : ....
Notes : ....
....

Site : ....

Email associé : ....
Nom d'utilisateur : ....
Mot de passe : ....
Notes : ....
....

Site : ....

Email associé : ....
Nom d'utilisateur : ....
Mot de passe : ....
Notes : ....
....

Site : ....

Email associé : ....
Nom d'utilisateur : ....
Mot de passe : ....
Notes : ....
....

Site : ....

Email associé : ....
Nom d'utilisateur : ....
Mot de passe : ....
Notes : ....
....

Site : ....

Email associé : ....
Nom d'utilisateur : ....
Mot de passe : ....
Notes : ....
....

Site : ....
Email associé : ....
Nom d'utilisateur : ....
Mot de passe : ....
Notes : ....
....

Site : ....
Email associé : ....
Nom d'utilisateur : ....
Mot de passe : ....
Notes : ....
....

Site : ....
Email associé : ....
Nom d'utilisateur : ....
Mot de passe : ....
Notes : ....
....

Site : ....

Email associé : ....
Nom d'utilisateur : ....
Mot de passe : ....
Notes : ....
....

Site : ....

Email associé : ....
Nom d'utilisateur : ....
Mot de passe : ....
Notes : ....
....

Site : ....

Email associé : ....
Nom d'utilisateur : ....
Mot de passe : ....
Notes : ....
....

Site : ....

Email associé : ....
Nom d'utilisateur : ....
Mot de passe : ....
Notes : ....
....

Site : ....

Email associé : ....
Nom d'utilisateur : ....
Mot de passe : ....
Notes : ....
....

Site : ....

Email associé : ....
Nom d'utilisateur : ....
Mot de passe : ....
Notes : ....
....

Site : ....
Email associé : ....
Nom d'utilisateur : ....
Mot de passe : ....
Notes : ....
....

Site : ....
Email associé : ....
Nom d'utilisateur : ....
Mot de passe : ....
Notes : ....
....

Site : ....
Email associé : ....
Nom d'utilisateur : ....
Mot de passe : ....
Notes : ....
....

Site : ....

Email associé : ....
Nom d'utilisateur : ....
Mot de passe : ....
Notes : ....
....

Site : ....

Email associé : ....
Nom d'utilisateur : ....
Mot de passe : ....
Notes : ....
....

Site : ....

Email associé : ....
Nom d'utilisateur : ....
Mot de passe : ....
Notes : ....
....

Site : ....

Email associé : ....

Nom d'utilisateur : ....

Mot de passe : ....

Notes : ....

....

Site : ....

Email associé : ....

Nom d'utilisateur : ....

Mot de passe : ....

Notes : ....

....

Site : ....

Email associé : ....

Nom d'utilisateur : ....

Mot de passe : ....

Notes : ....

....

⟨ Site : .... ⟩
Email associé : ....
Nom d'utilisateur : ....
Mot de passe : ....
Notes : ....

....

⟨ Site : .... ⟩
Email associé : ....
Nom d'utilisateur : ....
Mot de passe : ....
Notes : ....

....

⟨ Site : .... ⟩
Email associé : ....
Nom d'utilisateur : ....
Mot de passe : ....
Notes : ....

....

Site : ....

Email associé : ....
Nom d'utilisateur : ....
Mot de passe : ....
Notes : ....
....

Site : ....

Email associé : ....
Nom d'utilisateur : ....
Mot de passe : ....
Notes : ....
....

Site : ....

Email associé : ....
Nom d'utilisateur : ....
Mot de passe : ....
Notes : ....
....

Site : ....

Email associé : ....
Nom d'utilisateur : ....
Mot de passe : ....
Notes : ....
....

Site : ....

Email associé : ....
Nom d'utilisateur : ....
Mot de passe : ....
Notes : ....
....

Site : ....

Email associé : ....
Nom d'utilisateur : ....
Mot de passe : ....
Notes : ....
....

$\lang$ Site : .... $\rang$
Email associé : ....
Nom d'utilisateur : ....
Mot de passe : ....
Notes : ....
....

$\lang$ Site : .... $\rang$
Email associé : ....
Nom d'utilisateur : ....
Mot de passe : ....
Notes : ....
....

$\lang$ Site : .... $\rang$
Email associé : ....
Nom d'utilisateur : ....
Mot de passe : ....
Notes : ....
....

Site : ....
Email associé : ....
Nom d'utilisateur : ....
Mot de passe : ....
Notes : ....
....

Site : ....
Email associé : ....
Nom d'utilisateur : ....
Mot de passe : ....
Notes : ....
....

Site : ....
Email associé : ....
Nom d'utilisateur : ....
Mot de passe : ....
Notes : ....
....

Site : ....
Email associé : ....
Nom d'utilisateur : ....
Mot de passe : ....
Notes : ....
....

Site : ....
Email associé : ....
Nom d'utilisateur : ....
Mot de passe : ....
Notes : ....
....

Site : ....
Email associé : ....
Nom d'utilisateur : ....
Mot de passe : ....
Notes : ....
....

Site : ....

Email associé : ....
Nom d'utilisateur : ....
Mot de passe : ....
Notes : ....
....

Site : ....

Email associé : ....
Nom d'utilisateur : ....
Mot de passe : ....
Notes : ....
....

Site : ....

Email associé : ....
Nom d'utilisateur : ....
Mot de passe : ....
Notes : ....
....

Site : ....
Email associé : ....
Nom d'utilisateur : ....
Mot de passe : ....
Notes : ....
....

Site : ....
Email associé : ....
Nom d'utilisateur : ....
Mot de passe : ....
Notes : ....
....

Site : ....
Email associé : ....
Nom d'utilisateur : ....
Mot de passe : ....
Notes : ....
....

Site : ....
Email associé : ....
Nom d'utilisateur : ....
Mot de passe : ....
Notes : ....
....

Site : ....
Email associé : ....
Nom d'utilisateur : ....
Mot de passe : ....
Notes : ....
....

Site : ....
Email associé : ....
Nom d'utilisateur : ....
Mot de passe : ....
Notes : ....
....

Site : ....

Email associé : ....
Nom d'utilisateur : ....
Mot de passe : ....
Notes : ....
....

Site : ....

Email associé : ....
Nom d'utilisateur : ....
Mot de passe : ....
Notes : ....
....

Site : ....

Email associé : ....
Nom d'utilisateur : ....
Mot de passe : ....
Notes : ....
....

Site : ....

Email associé : ....

Nom d'utilisateur : ....

Mot de passe : ....

Notes : ....

....

Site : ....

Email associé : ....

Nom d'utilisateur : ....

Mot de passe : ....

Notes : ....

....

Site : ....

Email associé : ....

Nom d'utilisateur : ....

Mot de passe : ....

Notes : ....

....

⟨ Site : .... ⟩
Email associé : ....
Nom d'utilisateur : ....
Mot de passe : ....
Notes : ....
....

⟨ Site : .... ⟩
Email associé : ....
Nom d'utilisateur : ....
Mot de passe : ....
Notes : ....
....

⟨ Site : .... ⟩
Email associé : ....
Nom d'utilisateur : ....
Mot de passe : ....
Notes : ....
....

Site : ....

Email associé : ....
Nom d'utilisateur : ....
Mot de passe : ....
Notes : ....
....

Site : ....

Email associé : ....
Nom d'utilisateur : ....
Mot de passe : ....
Notes : ....
....

Site : ....

Email associé : ....
Nom d'utilisateur : ....
Mot de passe : ....
Notes : ....
....

Site : ....

Email associé : ....

Nom d'utilisateur : ....

Mot de passe : ....

Notes : ....

....

Site : ....

Email associé : ....

Nom d'utilisateur : ....

Mot de passe : ....

Notes : ....

....

Site : ....

Email associé : ....

Nom d'utilisateur : ....

Mot de passe : ....

Notes : ....

....

⟨ Site : ....⟩
Email associé : ....
Nom d'utilisateur : ....
Mot de passe : ....
Notes : ....
....

⟨ Site : ....⟩
Email associé : ....
Nom d'utilisateur : ....
Mot de passe : ....
Notes : ....
....

⟨ Site : ....⟩
Email associé : ....
Nom d'utilisateur : ....
Mot de passe : ....
Notes : ....
....

Site : ....

Email associé : ....
Nom d'utilisateur : ....
Mot de passe : ....
Notes : ....
....

Site : ....

Email associé : ....
Nom d'utilisateur : ....
Mot de passe : ....
Notes : ....
....

Site : ....

Email associé : ....
Nom d'utilisateur : ....
Mot de passe : ....
Notes : ....
....

Site : ....
Email associé : ....
Nom d'utilisateur : ....
Mot de passe : ....
Notes : ....
....

Site : ....
Email associé : ....
Nom d'utilisateur : ....
Mot de passe : ....
Notes : ....
....

Site : ....
Email associé : ....
Nom d'utilisateur : ....
Mot de passe : ....
Notes : ....
....

Site : ....

Email associé : ....
Nom d'utilisateur : ....
Mot de passe : ....
Notes : ....
....

Site : ....

Email associé : ....
Nom d'utilisateur : ....
Mot de passe : ....
Notes : ....
....

Site : ....

Email associé : ....
Nom d'utilisateur : ....
Mot de passe : ....
Notes : ....
....

Site : ....
Email associé : ....
Nom d'utilisateur : ....
Mot de passe : ....
Notes : ....
....

Site : ....
Email associé : ....
Nom d'utilisateur : ....
Mot de passe : ....
Notes : ....
....

Site : ....
Email associé : ....
Nom d'utilisateur : ....
Mot de passe : ....
Notes : ....
....

SITE : ....
EMAIL ASSOCIÉ : ....
NOM D'UTILISATEUR : ....
MOT DE PASSE : ....
NOTES : ....
....

SITE : ....
EMAIL ASSOCIÉ : ....
NOM D'UTILISATEUR : ....
MOT DE PASSE : ....
NOTES : ....
....

SITE : ....
EMAIL ASSOCIÉ : ....
NOM D'UTILISATEUR : ....
MOT DE PASSE : ....
NOTES : ....
....

Site : ....
Email associé : ....
Nom d'utilisateur : ....
Mot de passe : ....
Notes : ....
....

Site : ....
Email associé : ....
Nom d'utilisateur : ....
Mot de passe : ....
Notes : ....
....

Site : ....
Email associé : ....
Nom d'utilisateur : ....
Mot de passe : ....
Notes : ....
....

Site : ....

Email associé : ....
Nom d'utilisateur : ....
Mot de passe : ....
Notes : ....
....

Site : ....

Email associé : ....
Nom d'utilisateur : ....
Mot de passe : ....
Notes : ....
....

Site : ....

Email associé : ....
Nom d'utilisateur : ....
Mot de passe : ....
Notes : ....
....

⟨ Site : .... ⟩
Email associé : ....
Nom d'utilisateur : ....
Mot de passe : ....
Notes : ....
....

⟨ Site : .... ⟩
Email associé : ....
Nom d'utilisateur : ....
Mot de passe : ....
Notes : ....
....

⟨ Site : .... ⟩
Email associé : ....
Nom d'utilisateur : ....
Mot de passe : ....
Notes : ....
....

Site : ....

Email associé : ....
Nom d'utilisateur : ....
Mot de passe : ....
Notes : ....
....

Site : ....

Email associé : ....
Nom d'utilisateur : ....
Mot de passe : ....
Notes : ....
....

Site : ....

Email associé : ....
Nom d'utilisateur : ....
Mot de passe : ....
Notes : ....
....

Site : ....
Email associé : ....
Nom d'utilisateur : ....
Mot de passe : ....
Notes : ....
....

Site : ....
Email associé : ....
Nom d'utilisateur : ....
Mot de passe : ....
Notes : ....
....

Site : ....
Email associé : ....
Nom d'utilisateur : ....
Mot de passe : ....
Notes : ....
....

> **Site :** ....

Email associé : ....
Nom d'utilisateur : ....
Mot de passe : ....
Notes : ....
....

> **Site :** ....

Email associé : ....
Nom d'utilisateur : ....
Mot de passe : ....
Notes : ....
....

> **Site :** ....

Email associé : ....
Nom d'utilisateur : ....
Mot de passe : ....
Notes : ....
....

Site : ....

Email associé : ....
Nom d'utilisateur : ....
Mot de passe : ....
Notes : ....
....

Site : ....

Email associé : ....
Nom d'utilisateur : ....
Mot de passe : ....
Notes : ....
....

Site : ....

Email associé : ....
Nom d'utilisateur : ....
Mot de passe : ....
Notes : ....
....

Site : ....

Email associé : ....

Nom d'utilisateur : ....

Mot de passe : ....

Notes : ....

....

Site : ....

Email associé : ....

Nom d'utilisateur : ....

Mot de passe : ....

Notes : ....

....

Site : ....

Email associé : ....

Nom d'utilisateur : ....

Mot de passe : ....

Notes : ....

....

Site : ....

Email associé : ....

Nom d'utilisateur : ....

Mot de passe : ....

Notes : ....

....

Site : ....

Email associé : ....

Nom d'utilisateur : ....

Mot de passe : ....

Notes : ....

....

Site : ....

Email associé : ....

Nom d'utilisateur : ....

Mot de passe : ....

Notes : ....

....

Site : ....
Email associé : ....
Nom d'utilisateur : ....
Mot de passe : ....
Notes : ....
....

Site : ....
Email associé : ....
Nom d'utilisateur : ....
Mot de passe : ....
Notes : ....
....

Site : ....
Email associé : ....
Nom d'utilisateur : ....
Mot de passe : ....
Notes : ....
....

Site : ....

Email associé : ....
Nom d'utilisateur : ....
Mot de passe : ....
Notes : ....

....

Site : ....

Email associé : ....
Nom d'utilisateur : ....
Mot de passe : ....
Notes : ....

....

Site : ....

Email associé : ....
Nom d'utilisateur : ....
Mot de passe : ....
Notes : ....

....

Site : ....

Email associé : ....
Nom d'utilisateur : ....
Mot de passe : ....
Notes : ....
....

Site : ....

Email associé : ....
Nom d'utilisateur : ....
Mot de passe : ....
Notes : ....
....

Site : ....

Email associé : ....
Nom d'utilisateur : ....
Mot de passe : ....
Notes : ....
....

Site : ....

Email associé : ....
Nom d'utilisateur : ....
Mot de passe : ....
Notes : ....
....

Site : ....

Email associé : ....
Nom d'utilisateur : ....
Mot de passe : ....
Notes : ....
....

Site : ....

Email associé : ....
Nom d'utilisateur : ....
Mot de passe : ....
Notes : ....
....

Site : ....

Email associé : ....
Nom d'utilisateur : ....
Mot de passe : ....
Notes : ....
....

Site : ....

Email associé : ....
Nom d'utilisateur : ....
Mot de passe : ....
Notes : ....
....

Site : ....

Email associé : ....
Nom d'utilisateur : ....
Mot de passe : ....
Notes : ....
....

Site : ....
Email associé : ....
Nom d'utilisateur : ....
Mot de passe : ....
Notes : ....
....

Site : ....
Email associé : ....
Nom d'utilisateur : ....
Mot de passe : ....
Notes : ....
....

Site : ....
Email associé : ....
Nom d'utilisateur : ....
Mot de passe : ....
Notes : ....
....

⟨ Site : .... ⟩

Email associé : ....
Nom d'utilisateur : ....
Mot de passe : ....
Notes : ....
....

⟨ Site : .... ⟩

Email associé : ....
Nom d'utilisateur : ....
Mot de passe : ....
Notes : ....
....

⟨ Site : .... ⟩

Email associé : ....
Nom d'utilisateur : ....
Mot de passe : ....
Notes : ....
....

Site : ....

Email associé : ....
Nom d'utilisateur : ....
Mot de passe : ....
Notes : ....
....

Site : ....

Email associé : ....
Nom d'utilisateur : ....
Mot de passe : ....
Notes : ....
....

Site : ....

Email associé : ....
Nom d'utilisateur : ....
Mot de passe : ....
Notes : ....
....

Site : ....

Email associé : ....
Nom d'utilisateur : ....
Mot de passe : ....
Notes : ....
....

Site : ....

Email associé : ....
Nom d'utilisateur : ....
Mot de passe : ....
Notes : ....
....

Site : ....

Email associé : ....
Nom d'utilisateur : ....
Mot de passe : ....
Notes : ....
....

Site : ....
Email associé : ....
Nom d'utilisateur : ....
Mot de passe : ....
Notes : ....
....

Site : ....
Email associé : ....
Nom d'utilisateur : ....
Mot de passe : ....
Notes : ....
....

Site : ....
Email associé : ....
Nom d'utilisateur : ....
Mot de passe : ....
Notes : ....
....

Site : ....
Email associé : ....
Nom d'utilisateur : ....
Mot de passe : ....
Notes : ....
....

Site : ....
Email associé : ....
Nom d'utilisateur : ....
Mot de passe : ....
Notes : ....
....

Site : ....
Email associé : ....
Nom d'utilisateur : ....
Mot de passe : ....
Notes : ....
....

Site : ....

Email associé : ....
Nom d'utilisateur : ....
Mot de passe : ....
Notes : ....
....

Site : ....

Email associé : ....
Nom d'utilisateur : ....
Mot de passe : ....
Notes : ....
....

Site : ....

Email associé : ....
Nom d'utilisateur : ....
Mot de passe : ....
Notes : ....
....

Site : ....
Email associé : ....
Nom d'utilisateur : ....
Mot de passe : ....
Notes : ....
....

Site : ....
Email associé : ....
Nom d'utilisateur : ....
Mot de passe : ....
Notes : ....
....

Site : ....
Email associé : ....
Nom d'utilisateur : ....
Mot de passe : ....
Notes : ....
....

⟨ Site : .... ⟩
Email associé : ....
Nom d'utilisateur : ....
Mot de passe : ....
Notes : ....
....

⟨ Site : .... ⟩
Email associé : ....
Nom d'utilisateur : ....
Mot de passe : ....
Notes : ....
....

⟨ Site : .... ⟩
Email associé : ....
Nom d'utilisateur : ....
Mot de passe : ....
Notes : ....
....

⟨ Site : ....⟩
Email associé : ....
Nom d'utilisateur : ....
Mot de passe : ....
Notes : ....
....

⟨ Site : ....⟩
Email associé : ....
Nom d'utilisateur : ....
Mot de passe : ....
Notes : ....
....

⟨ Site : ....⟩
Email associé : ....
Nom d'utilisateur : ....
Mot de passe : ....
Notes : ....
....

Site : ....

Email associé : ....
Nom d'utilisateur : ....
Mot de passe : ....
Notes : ....
....

Site : ....

Email associé : ....
Nom d'utilisateur : ....
Mot de passe : ....
Notes : ....
....

Site : ....

Email associé : ....
Nom d'utilisateur : ....
Mot de passe : ....
Notes : ....
....

Site : ....
Email associé : ....
Nom d'utilisateur : ....
Mot de passe : ....
Notes : ....
....

Site : ....
Email associé : ....
Nom d'utilisateur : ....
Mot de passe : ....
Notes : ....
....

Site : ....
Email associé : ....
Nom d'utilisateur : ....
Mot de passe : ....
Notes : ....
....

⟨ Site : .... ⟩
Email associé : ....
Nom d'utilisateur : ....
Mot de passe : ....
Notes : ....
....

⟨ Site : .... ⟩
Email associé : ....
Nom d'utilisateur : ....
Mot de passe : ....
Notes : ....
....

⟨ Site : .... ⟩
Email associé : ....
Nom d'utilisateur : ....
Mot de passe : ....
Notes : ....
....

⟨ SITE : .... ⟩

EMAIL ASSOCIÉ : ....
NOM D'UTILISATEUR : ....
MOT DE PASSE : ....
NOTES : ....
....

⟨ SITE : .... ⟩

EMAIL ASSOCIÉ : ....
NOM D'UTILISATEUR : ....
MOT DE PASSE : ....
NOTES : ....
....

⟨ SITE : .... ⟩

EMAIL ASSOCIÉ : ....
NOM D'UTILISATEUR : ....
MOT DE PASSE : ....
NOTES : ....
....

⟨ SITE : .... ⟩
EMAIL ASSOCIÉ : ....
NOM D'UTILISATEUR : ....
MOT DE PASSE : ....
NOTES : ....
....

⟨ SITE : .... ⟩
EMAIL ASSOCIÉ : ....
NOM D'UTILISATEUR : ....
MOT DE PASSE : ....
NOTES : ....
....

⟨ SITE : .... ⟩
EMAIL ASSOCIÉ : ....
NOM D'UTILISATEUR : ....
MOT DE PASSE : ....
NOTES : ....
....

Site : ....
Email associé : ....
Nom d'utilisateur : ....
Mot de passe : ....
Notes : ....
....

Site : ....
Email associé : ....
Nom d'utilisateur : ....
Mot de passe : ....
Notes : ....
....

Site : ....
Email associé : ....
Nom d'utilisateur : ....
Mot de passe : ....
Notes : ....
....

Site : ....

Email associé : ....
Nom d'utilisateur : ....
Mot de passe : ....
Notes : ....
....

Site : ....

Email associé : ....
Nom d'utilisateur : ....
Mot de passe : ....
Notes : ....
....

Site : ....

Email associé : ....
Nom d'utilisateur : ....
Mot de passe : ....
Notes : ....
....

Site : ....
Email associé : ....
Nom d'utilisateur : ....
Mot de passe : ....
Notes : ....
....

Site : ....
Email associé : ....
Nom d'utilisateur : ....
Mot de passe : ....
Notes : ....
....

Site : ....
Email associé : ....
Nom d'utilisateur : ....
Mot de passe : ....
Notes : ....
....

Site : ....
Email associé : ....
Nom d'utilisateur : ....
Mot de passe : ....
Notes : ....
....

Site : ....
Email associé : ....
Nom d'utilisateur : ....
Mot de passe : ....
Notes : ....
....

Site : ....
Email associé : ....
Nom d'utilisateur : ....
Mot de passe : ....
Notes : ....
....

Site : ....
Email associé : ....
Nom d'utilisateur : ....
Mot de passe : ....
Notes : ....
....

Site : ....
Email associé : ....
Nom d'utilisateur : ....
Mot de passe : ....
Notes : ....
....

Site : ....
Email associé : ....
Nom d'utilisateur : ....
Mot de passe : ....
Notes : ....
....

Site : ....

Email associé : ....
Nom d'utilisateur : ....
Mot de passe : ....
Notes : ....

....

Site : ....

Email associé : ....
Nom d'utilisateur : ....
Mot de passe : ....
Notes : ....

....

Site : ....

Email associé : ....
Nom d'utilisateur : ....
Mot de passe : ....
Notes : ....

....

Site : ....

Email associé : ....
Nom d'utilisateur : ....
Mot de passe : ....
Notes : ....
....

Site : ....

Email associé : ....
Nom d'utilisateur : ....
Mot de passe : ....
Notes : ....
....

Site : ....

Email associé : ....
Nom d'utilisateur : ....
Mot de passe : ....
Notes : ....
....

⟨ Site : .... ⟩
Email associé : ....
Nom d'utilisateur : ....
Mot de passe : ....
Notes : ....
....

⟨ Site : .... ⟩
Email associé : ....
Nom d'utilisateur : ....
Mot de passe : ....
Notes : ....
....

⟨ Site : .... ⟩
Email associé : ....
Nom d'utilisateur : ....
Mot de passe : ....
Notes : ....
....

Site : ....

Email associé : ....
Nom d'utilisateur : ....
Mot de passe : ....
Notes : ....

....

Site : ....

Email associé : ....
Nom d'utilisateur : ....
Mot de passe : ....
Notes : ....

....

Site : ....

Email associé : ....
Nom d'utilisateur : ....
Mot de passe : ....
Notes : ....

....

Site : ....
Email associé : ....
Nom d'utilisateur : ....
Mot de passe : ....
Notes : ....
....

Site : ....
Email associé : ....
Nom d'utilisateur : ....
Mot de passe : ....
Notes : ....
....

Site : ....
Email associé : ....
Nom d'utilisateur : ....
Mot de passe : ....
Notes : ....
....

Site : ....

Email associé : ....

Nom d'utilisateur : ....

Mot de passe : ....

Notes : ....

....

Site : ....

Email associé : ....

Nom d'utilisateur : ....

Mot de passe : ....

Notes : ....

....

Site : ....

Email associé : ....

Nom d'utilisateur : ....

Mot de passe : ....

Notes : ....

....

Site : ....
Email associé : ....
Nom d'utilisateur : ....
Mot de passe : ....
Notes : ....
....

Site : ....
Email associé : ....
Nom d'utilisateur : ....
Mot de passe : ....
Notes : ....
....

Site : ....
Email associé : ....
Nom d'utilisateur : ....
Mot de passe : ....
Notes : ....
....

⟨ Site : ....⟩

Email associé : ....

Nom d'utilisateur : ....

Mot de passe : ....

Notes : ....

....

⟨ Site : ....⟩

Email associé : ....

Nom d'utilisateur : ....

Mot de passe : ....

Notes : ....

....

⟨ Site : ....⟩

Email associé : ....

Nom d'utilisateur : ....

Mot de passe : ....

Notes : ....

....

Site : ....
Email associé : ....
Nom d'utilisateur : ....
Mot de passe : ....
Notes : ....
....

Site : ....
Email associé : ....
Nom d'utilisateur : ....
Mot de passe : ....
Notes : ....
....

Site : ....
Email associé : ....
Nom d'utilisateur : ....
Mot de passe : ....
Notes : ....
....

Site : ....
Email associé : ....
Nom d'utilisateur : ....
Mot de passe : ....
Notes : ....
....

Site : ....
Email associé : ....
Nom d'utilisateur : ....
Mot de passe : ....
Notes : ....
....

Site : ....
Email associé : ....
Nom d'utilisateur : ....
Mot de passe : ....
Notes : ....
....

NOTES

www.ingramcontent.com/pod-product-compliance
Lightning Source LLC
Chambersburg PA
CBHW071421210526
45465CB00001B/476